René Bazin

Les personnages de roman

FSC
www.fsc.org
MIXTE
Papier issu
de sources
responsables
Paper from
responsible sources
FSC® C105338

Soit qu'on écrive des romans, des nouvelles, des contes, les règles restent les mêmes. Si les traits d'un personnage de roman peuvent s'appliquer à toute espèce de personnes, le personnage est mauvais. Il faut des personnages généraux, mais avec des détails particuliers.

Antoine Albalat, *La formation du style par l'assimilation des auteurs*.

Les personnages de roman

Comment naissent les personnages de roman ; comment ils s'appellent et se groupent pour composer le drame, c'est ce que je voudrais essayer de dire.

Et d'abord, il n'est pas inutile de passer en revue quelques-unes des catégories innombrables auxquelles ils appartiennent, car, selon leur rang social, leur degré d'affinement ou de rusticité, ils offrent à l'écrivain des ressources ou des difficultés particulières, ils ont des qualités ou des défauts littéraires qui influent naturellement sur le choix du sujet.

Tout en haut, à la pointe de la pyramide que forme le monde, et dont la base est si large et le sommet si étroit, il y a les rois et les princes. On les voit de partout, mais aussi on les voit de loin. Le roman, à certaines époques, les a dépeints complaisamment. C'est que, bons ou mauvais, ils ont une vertu romanesque indéniable : une tête empanachée ; le droit d'avoir des rêves comme le commun des hommes et, plus que d'autres, le pouvoir de les suivre ; une cour où l'imagination peut impunément loger l'invraisemblable, réunir toutes les beautés à toutes les perfidies, tous les caprices, tous les crimes, tous les luxes, toutes les grandiloquences et toutes les idées même, sans que la conscience du lecteur, enfantine à jamais devant l'image d'un roi, s'en émeuve et proteste. Les passions qu'on leur prête s'agrandissent de la magnificence du cadre où elles se meuvent ; elles influent sur plus d'intérêts ; elles ont quelque chose de l'État même et de son pouvoir. Le préjugé les amplifie encore. Il croit volontiers qu'elles occupent, dans la vie des souverains, une place prépondérante, et que, pour beaucoup d'empereurs et de rois, comme pour beaucoup de femmes, l'idée générale du règne est d'aimer.

Je n'en suis pas persuadé. Le tableau que nous font les historiens des occupations d'un chef d'État ne semble pas laisser tant de loisir aux méditations sentimentales. À quoi bon, d'ailleurs, insister ? Pour observer les rois, aujourd'hui, nous serions obligés de voyager, ce qui est une condition fâcheuse pour tout comprendre. Nous ne connaissons rien en France qui rappelle une cour, même de loin. À peine pourrait-on étudier sur place un certain fond de courtisanerie survivant à son vrai milieu. Les modèles nous manquent. Les romanciers qui ont, le plus récemment, mis en scène des rois, leur ont prêté un trône dans un pays de rêve, ou bien ils les ont représentés en exil, après la couronne, et tellement après, que la trace en était effacée sur le front du héros.

Pleurons donc les romans royaux. Les ambassadeurs qui seraient presque seuls documentés pour écrire un tel livre ne peuvent pas l'écrire. Et les romanciers qui seraient tentés de le faire n'en ont pas les moyens.

Il faut même leur rendre cette justice qu'ils poussent le scrupule jusqu'à ne pas mêler, d'ordinaire, à leur drame, un personnage étranger. Sauf dans de courtes nouvelles, nous ne rencontrons guère un héros principal qui soit Italien, Allemand, Espagnol ou Anglais. Les ténèbres sont si profondes entre deux âmes qui ne parlent pas la même langue et n'ont pas vu les mêmes collines ! Quelle figure incomplète nous donnerions à ces étrangers ; comme ils resteraient imaginaires ; comme il nous serait impossible d'être vrais ou seulement équitables ! Nous avons déjà tant de peine à rendre l'aspect extérieur d'une terre étrangère, à comprendre à moitié les usages de ses habitants, leurs plaisirs, leur politesse et le goût particulier qu'ils trouvent à la vie ! La meilleure attention n'y suffit pas. Je me souviens que, dans mes notes sur l'Espagne, j'évoquais le souvenir de cette assemblée de savants tenue à Salamanque, et dans laquelle Christophe Colomb, méconnu et combattu, essaya de communiquer à ses auditeurs sa foi dans l'Amérique future. J'imaginais un vieux moine disant, de longues années après, un soir, à l'heure où toute la ville est rose, et où monte dans l'esprit la pensée du jour fini et celle du passé lointain : « J'étais de ce conseil ; j'y entendis parler don Christophe et, pour la joie de ma vie, je fus de ceux qui l'encouragèrent à partir sur les caravelles. » Hélas ! le volume n'avait pas paru depuis quinze jours, que je recevais d'un Espagnol ce petit billet : « Monsieur, vous commettez une erreur en parlant de "don" Christophe Colomb. Nous donnons ce titre, il est vrai, à nombre de personnages moins importants. Mais nos vieux héros s'en passent. Et nous ne disons pas plus don Christophe que vous ne dites mademoiselle Jeanne d'Arc. »

Après les rois et princes, les gens titrés forment une seconde catégorie, ducs, marquis ou comtes, dont le roman français, jusqu'en ces derniers temps, a fait une grande consommation. Elle est aujourd'hui un peu moins demandée. Elle est d'observation facile ; elle est précieuse même pour les écrivains qui savent très peu le monde. Voyez les auteurs qui font les grands romans pour petits journaux. Il y a presque toujours un duc dans leurs drames, ou quelque haut personnage qui représente la richesse et l'oisiveté, deux termes tout voisins dans la pensée de la foule, et qui expriment, hélas ! à peu près tout son idéal. Ces auteurs se servent très habilement de ce héros classique. Grâce à lui, ils ouvrent devant le public, éternellement ébloui par un certain état de maison qu'il croit être le bonheur, des perspectives de vie fastueuse, ou large, ou même ruinée, fortune présente, fortune passée, peu importe, puisque l'or a ruisselé devant ceux qui le connaissent à peine. Grâce à lui, ils ont la ressource des beaux coups d'épée, des mots braves, de certaines façons cavalières de sortir d'une difficulté, qui plaisent infiniment à tant de bonnes gens emprisonnés et emmurés dans la perpétuelle incertitude.

Enfin, grâce à lui, ils font entrer en scène, même sans en parler, le passé, le passé que toute noblesse évoque naturellement, et qui est en nous à l'état de passion, amour ou haine. Les feuilletonistes montrent ainsi un sens très exact de la psychologie populaire. Mais croyez bien que les romanciers, à leur tour, ne dédaignent pas de tels avantages. Ils en usent plus discrètement, devant des lecteurs mieux informés, plus exigeants. La préférence qu'ils ont longtemps marquée pour les personnages titrés avait cependant les mêmes causes. Elle en avait aussi de plus particulières, de plus subtiles. C'est que la race alliée à la fortune crée des êtres plus complexes, des êtres de sentiment et de plaisir et, par conséquent, de souffrance. Soustraits à certaines obligations, aux travaux absorbants, aux luttes pour le pain quotidien où une grande part de l'attention et de la volonté humaine se dépense, on peut supposer qu'ils ont, mieux que d'autres, le loisir de goûter ce que la vie a d'amer et de doux quand elle est la vie pleine, la vie calme. Hommes ou femmes, ils ont le droit de rêver, de regretter, de s'analyser eux-mêmes, d'écrire des lettres sans nombre, de tenir un journal sans fin de leurs pensées et de leurs sentiments. Et quelles merveilleuses ressources pour le dialogue ! Quelles nuances rares de charme, d'attitudes, de politesse, d'émotion, un écrivain ne pourra-t-il pas donner à des personnages auxquels rien n'aura manqué de ce qui peut constituer l'exception humaine ! Si, de plus, il sait bien voir, s'il ne croit pas, de parti pris, la société uniquement composée de femmes infidèles, de maris à plaindre, de fats, d'escrocs et d'égoïstes, je demande s'il n'aurait pas quelque chance de rencontrer des exemples de haute et pure vaillance, de dévouement sans espoir, de richesse très simple ou de pauvreté très fière, dans un monde où certaines vertus sont d'une trempe plus fine ?

La réaction contre cet emploi excessif des personnages titrés, dans les œuvres d'imagination, devait venir. Elle est venue. Après s'être montrés les parrains les plus castillans et les plus entichés d'héraldique, les romanciers, d'un mouvement presque unanime, se sont appliqués à supprimer les particules et à distribuer autour d'eux des noms moins sonores. On ne remarque aucune tendance analogue dans la vie réelle. Mais il est à noter que les romanciers n'ont, le plus souvent, changé que les noms. Les ducs de Hautlieu, les comtes de Castelblanc s'appellent aujourd'hui : Morin, Benoît, Thomasset et Berger ; ils sont ingénieurs, avocats, explorateurs en congé, attachés d'ambassade, industriels, savants déjà connus, pas encore célèbres et qui ont pris seulement le voile de la science, mais nous ne les voyons guère dans leur profession. Ils ne parlent et n'agissent devant nous que dans les intervalles de liberté qu'elle leur laisse. Ce sont des hommes qui ont parfois gagné leur fortune au lieu de la recevoir, mais ils la dépensent à peu près de même. Leurs loisirs ne doivent être qu'une économie faite sur une occupation plus ou moins assujettissante, mais l'emploi de ces heures de trêve ne porte pas l'empreinte bien profonde du métier qu'on vient de quitter et qu'on va reprendre. Le vœu secret du romancier paraît être toujours de peindre des êtres d'émotion plus que d'action, des amoureux plutôt que des lutteurs.

Il y aurait cependant des figures bien intéressantes parmi les hommes de travail. L'amour n'est que l'épisode ou le témoin de la vie, tantôt le feu d'artifice, tantôt la lampe sage qui veille. Et que cette clarté luise ou non, le travail se poursuit sans relâche. Il est la grande loi dure de l'humanité. Il nous touche par la douleur, par les destinées qu'il nourrit, par les conditions qu'il mélange, par les antagonismes qu'il crée. Tous les états de fortune relèvent de lui ; tous les hommes sont bénéficiaires de l'effort. Et comme il groupe les êtres, il appelle et il use aussi toutes leurs facultés maîtresses. Qui pourrait ne pas trouver qu'il est beau d'étudier une intelligence aux prises avec les problèmes les plus vivants qui soient ; la dépense prodigieuse d'énergie que suppose une affaire prospère ; la lutte contre la concurrence, et les angoisses, et l'orgueil des triomphes rapides ; l'obéissance d'un personnel nombreux aux ordres d'un seul homme ; ces milliers d'industries, qui sont autant de petits États dans l'État, ayant chacun sa politique extérieure et intérieure, sa dynastie, ses drames ? Ne serait-ce pas faire œuvre bien utile et bien haute que de montrer le combat perpétuel entre l'égoisme et la pitié dans une âme ; le trouble de conscience par où peuvent passer ceux qui s'étonnent de dépenser tant de justice sans récolter de reconnaissance, et d'essayer de dire le remède, puisque la souffrance est souvent double ici, et qu'on la trouve chez le patron qui cherche et chez l'ouvrier qui se plaint ?

L'ouvrier, voilà une autre catégorie de personnages qu'il faut s'habituer à voir entrer en scène dans le roman comme ailleurs. Le quatrième État aura ses portraitistes, comme il a ses orateurs et ses barnums. Quelques essais ont déjà été tentés. Et pourquoi pas ? Je vois bien les objections qu'on peut faire et qu'on a faites. La foule est grossière ; sa psychologie se réduit à des éléments par trop simples pour être curieux ; elle pense à peine ; elle ne rêve pas ; elle ressemble à une pierre rugueuse, que tout l'effort de l'artiste ne rendra pas agréable à l'œil. Quand tout cela serait vrai, il n'en resterait pas moins permis de choisir ses héros parmi les gens du peuple. Il n'y a pas que le charme qui vaille une étude. Il y a le naturel, il y a la force, il y a même la brutalité. Ces ouvriers, on nous prédit qu'ils seront nos maîtres demain, et il est vraisemblable que nous ferons leur métier, puisqu'ils feront le nôtre. Il importe donc de se connaître. Plusieurs personnes, qui ne les ont pas visités chez eux, ne seraient pas fâchées peut-être, avant de les voir chez elles, qu'on les leur présentât. Et en attendant ce jour, et même s'il n'arrive jamais, ne sait-on pas qu'il existe des esprits, en grand nombre, qui se penchent d'eux-mêmes, sans aucune préoccupation personnelle, vers la souffrance et vers la misère, et qui cherchent des devoirs à remplir comme d'autres des joies à prendre ? Ceux-là demanderont, au contraire, au romancier, de leur dire où l'on souffre et surtout pour quelle cause précise on souffre au fond de la mine, dans la carrière, l'usine, l'échoppe, dans la chambre où il y a plus d'enfants que de lits et plus d'appétit que de pain. Et puis, laissez-moi croire que l'enquête ne serait pas si sombre ni si dénuée de poésie qu'on le prétend. Il s'en faut que le peuple soit tout épais, tout grossier ; qu'il n'exprime une idée qu'après avoir juré, comme on le supposerait d'après certains livres ; qu'on ne puisse assister à une réunion de famille ouvrière sans découvrir une tare nouvelle chez des gens déjà soupçonnés. Je ne nie pas la rudesse du plus grand nombre, ni l'insignifiance de beaucoup d'individus, ni la perversité de plusieurs, mais je dis qu'il y a une franchise délectable chez beaucoup d'ouvriers, une spontanéité de sentiments, un raisonnement sur les choses du métier, qui sont de vraies richesses pour un écrivain, et qu'avec eux nous aurons, à défaut de complication savante et de marivaudage, des éclairs de passion dont la lumière vaut bien les crépuscules mourants dont on nous enveloppe. Ils aiment et ils détestent fortement, ces pauvres. Ils ont leur honneur qui ressemble beaucoup à l'honneur tout court. Ils éprouvent, en mainte occasion, un sentiment de solidarité qui va jusqu'à l'héroïsme. Ce sentiment, vous pouvez le condamner quand il étend des grèves ; vous l'admirerez quand il engage les voisins à adopter les enfants d'un voisin mort. Impulsions ! dira-t-on. Oh ! que cela est injuste et faux ! L'instinct ne court pas au danger ou à la peine. C'est le fond vivace, sous l'amas des préjugés, c'est la vieille générosité française, c'est la belle fraternité chrétienne inconsciente peut-être, qui s'éveille et va au secours. Enfin, si vous observez que l'ouvrier est très aisément abordable, qu'il parle volontiers, qu'il lit de plus en plus, vous conclurez que le roman de l'atelier ou de l'usine est un des plus riches en documents, un des plus saisissants, et, à bien des égards, un des plus nouveaux qui puissent tenter un écrivain.

La difficulté est tout autre, et tout autre aussi l'intérêt quand il s'agit du paysan. La campagne est presque toujours muette. C'est sa grande vertu, et c'est le grand obstacle. Ceux qui passent n'entendent pas sa voix. Ils ne comprennent rien à l'énigme de la terre. Lorsque nous traversons les champs en chemin de fer ou en voiture, la silhouette courbée de ces hommes et de ces femmes qui travaillent est si voisine du sol et si bien mêlée à ses lignes que le paysan peut sembler un accessoire du paysage, une chose qui se meut à peine entre des choses immobiles. Et telle est, en effet, l'impression souvent traduite par les littérateurs ou les peintres, mais qui n'est vraie que si on lui donne la durée d'une impression, si on ne prétend pas y résumer la vie du paysan. Même si vous liez conversation avec ce faucheur, ce casseur de mottes ou ce bûcheron, vous continuerez de l'ignorer. Il vous répondra par des mots embarrassés, d'une banalité voulue, et il se taira. Ne vous fiez pas davantage aux souvenirs d'une villégiature de quelques semaines dans un coin de France ou de Navarre. Il faut un siège en règle pour conquérir ce héros défiant, et c'est la cordialité seule qui fait parler ce silencieux, l'habitude de faire partie du même horizon restreint, d'être rencontré par lui au détour des routes et surtout la lente persuasion qu'on aime la terre, comme lui, depuis le trèfle d'en bas, depuis la graine non germée, jusqu'au nid de pie qui fleurit noir au sommet des vieux chênes. Voilà pourquoi certains écrivains lui ont attribué une telle pauvreté de sentiments et d'idées. La longue fréquentation leur a manqué.

Encore n'est-ce là qu'une première difficulté. La seconde est plus redoutable peut-être. Elle consiste, pour le romancier, à faire s'exprimer un paysan comme un paysan, à ne lui prêter ni le langage d'un ouvrier ni celui d'un bourgeois. M. Brunetière, à propos des romans ruraux de George Eliot, remarque justement : « Il n'y a rien de si difficile, dans le roman et ailleurs, que de borner le vocabulaire des gens que l'on fait parler aux limites exactes de leur petit univers intellectuel et moral. » Épreuve dangereuse, en effet, piège redoutable. Les novices croient s'en tirer par un procédé bien naïf. Ils mélangent dans le dialogue des mots de patois ; ils ont soin d'attribuer au personnage des fautes de prononciation et de français soigneusement recueillies par la typographie. Quand ils ont fait dire à un toucheur de bœufs ou à la femme d'un fermier : « Pardienne, m'sieu, mam'selle, not'vache, j'allons, j'étions », ils s'imaginent avoir fait parler un paysan. L'erreur est manifeste. Car l'emploi d'un langage inférieur ne peut que diminuer l'intérêt d'un roman. Les défauts de prononciation ou les solécismes fatiguent vite le lecteur. Les mots de dialecte ne méritent que très rarement d'être imprimés. À mon avis, c'est là de la fausse couleur locale. Il est convenu et entendu que les filles de ferme n'ont ni l'accent ni la correction de phrase d'une Parisienne. La fidélité au modèle ne consiste pas dans ces notations puériles. Elle est dans l'emploi exclusif des termes usuels qui forment le vocabulaire paysan, dans la coupe des phrases, qui doivent être brèves, très pleines de sens, et ne jamais former une période. La campagne, volontiers sentencieuse, supprime les transitions apparentes. Les silences qu'elle met entre les idées sont précisément remplis par les pensées secondaires qui servent de lien et qu'il faut deviner. Elle n'est jamais orateur, sauf dans l'extrême Midi. Ce qu'elle exprime le mieux, dans ses formules concises, c'est la tradition, l'âme sensée, forte et passablement satirique de la vieille France. En l'étudiant, on découvre des horizons d'histoire. En faisant vivre dans le roman quelques-uns de ses habitants, on a l'impression réconfortante que l'on peint un état social qui a peu varié, qui se modifie lentement, et que les scènes qui sont vraies aujourd'hui resteront longtemps vraisemblables. On a surtout l'inappréciable avantage de donner à l'œuvre le plus ample et le moins fragile des cadres. L'usine tombe en ruine ou se transforme ; les procédés du travail industriel se renouvellent incessamment ; les professions perdent leur physionomie ; l'aspect d'une ville, après vingt ans, est à peine reconnaissable, tandis que les champs, les bois, les fleuves, le ciel, tout ce que la vie paysanne remplit et pénètre est fait d'une beauté qui demeure et qui survit à une multitude de générations.

Je pourrais passer en revue bien d'autres groupes humains, et dire ainsi les raisons d'ordre littéraire qui peuvent les faire choisir ou rejeter par les écrivains. Mais la liste en serait trop longue. J'ajouterai seulement quelques observations sur le prêtre et sur la religieuse dans la littérature.

Bien des fois, le type ecclésiastique a été dessiné par les romanciers. Nous avons tous, dans nos souvenirs de lectures, quelques portraits d'évêques, de vieux curés de campagne tout blancs, de vicaires agités et ambitieux. Les chanoines ont été plus épargnés. Mais, quelque talent que les auteurs y aient mis, est-il possible de ne pas être frappé de ce qu'il y a d'incomplet et d'inachevé dans la plupart de ces peintures ? Est-il possible de ne pas sentir que la minutieuse exactitude des détails humains ne suffit pas pour exprimer un rôle et une vie qui n'ont de sens qu'autant qu'ils sont, par un certain côté, divins ? Cet élément ne saurait être négligé, puisque, à moins de supposer un mauvais prêtre, il faut donner à celui-ci une vocation qui est précisément à l'opposé de nos entraînements et de nos mobiles terrestres. Tandis que la patience, le don de voir et de composer suffisent pour animer d'une vie parfaite un gentilhomme ou un bourgeois, il est besoin ici d'autre chose, et c'est de la foi, ou tout au moins de l'intelligence de la foi. « Songez donc, dit M. Jules Lemaître, qu'à moins d'un mensonge sacrilège, qui ne doit guère se rencontrer, tout prêtre, quelles qu'aient pu être ensuite ses faiblesses, a accompli, le jour où il s'est couché tout de son long aux pieds de l'évêque qui le consacrait, la plus entière immolation de soi que l'on puisse imaginer ; qu'il s'est élevé, à cette heure-là, au plus 54] haut degré de dignité morale, et qu'il a été proprement un héros, ne fût-ce qu'un instant. » On ne saurait mieux dire. Et si cela est compris, il me semble que le curé de campagne, si complaisamment et indulgemment évoqué par les écrivains, ne saurait plus être le vieillard paterne, timide et solitaire, qui vit dans une pauvreté quotidienne, relevée de quelques instants de gourmandise, quand il va dîner au château ou dans les conférences, et qui bénit la naissance, l'amour ou la mort. Il existe chez lui une passion qui explique tout, qui transfigure les plus humbles, et grandit leur condition jusqu'à la faire exceptionnelle et sublime, de médiocre qu'elle est d'apparence : c'est l'amour des âmes. Niez-le, et le prêtre ne différera pas sensiblement d'un honnête percepteur en retraite, d'un notaire honoraire bienfaisant, d'un propriétaire conciliant et aumônier. Mais si vous admettez qu'un homme puisse s'élever au-dessus de la nature et la dompter au point de faire du sacrifice la loi même de sa vie, l'inexplicable devient clair. Cette âme a eu pitié des âmes. Elle a vu leur détresse et leur dignité. Elle a considéré qu'une paysanne était, aussi bien qu'une reine, une âme en marche, à travers la douleur et la joie, vers une éternité. Elle a quitté le monde pour soutenir un peu d'humanité chancelante, oublieuse, fatiguée de la route. Elle aura sa récompense, aussi mystérieuse que sa force, dans des repentirs qui ne seront jamais révélés, dans des larmes qui couleront pour d'autres, dans de longues patiences que la douleur ne lassera plus, dans les pardons, les oublis, et, plus souvent, dans l'allégement passager d'une créature faible qui retombera encore, mais qui porte en elle-même un principe de relèvement.

Quelque chose de cette même idée ne nuirait pas à celui qui voudrait représenter, avec le scrupule du vrai, une religieuse. Mais que d'autres qualités il faudrait encore ! Une plume si fine et si chaste, la faculté de comprendre et d'exprimer entièrement le sens de ces mots qui nous sont mal connus : le silence, le recueillement, le voile, l'oraison. Et nous expliquons si grossièrement les vertus qui nous dépassent ! Pour n'en prendre qu'un exemple, n'est-il pas d'un usage presque universel, dans le roman, le drame, la poésie, de conduire au couvent les héroïnes désespérées ? Elles entrent au cloître comme dans le refuge des cœurs navrés. Elles lui demandent l'oubli d'un autre bonheur qu'elles ont d'abord cherché. En un mot, elles n'y vont pas tout droit, et c'est parce qu'elles se sont heurtées à quelque obstacle de la vie qu'elles tournent vers Dieu des regards d'amoureuses éconduites ou trompées. Est-ce conforme à la réalité ? Bien rarement. Ces sortes de vocations en retour ne sont, dans le domaine des faits, qu'une très infime exception, et nous pourrions tous plaindre une supérieure qui aurait à conduire une congrégation d'héroïnes de romans revenues de leurs illusions, mais non pas de leurs souvenirs.

L'histoire commune est bien plus simple. Les jeunes filles qui se font religieuses n'ont presque jamais eu d'aventure de cœur. Elles obéissent à un attrait direct et puissant. On dirait qu'elles ont vécu, puisqu'elles ont le dédain souriant de la vie. Cependant, elles sont très jeunes, dix-huit ans, vingt ans, vingt-deux ans. Rien n'a froissé leur gaieté épanouie. Rien ne les repousse. Elles disparaissent volontairement du monde. Nous les retrouvons souvent, quelques années plus tard, Sœurs d'hôpital, Sœurs débarbouillant et gardant les enfants dans les crèches, Sœurs des pauvres, Sœurs d'écoles, mêlées à toutes les misères, à toutes les peines, jamais à nos joies, qu'elles n'ont pas l'air de nous envier. Et cela dure toute une vie. N'est-ce pas bien mystérieux, bien troublant, et cela n'échappe-t-il pas, pour la plus large part, à toutes les analyses et à tous les récits d'un romancier ? Je ne l'ai jamais si bien compris qu'un jour, où il me fut donné d'assister à un spectacle très rare.

J'accompagnais, seul laïque, un évêque américain dans la visite qu'il faisait à la maison mère d'un ordre de religieuses cloîtrées. J'allais, un peu en arrière, intimidé par cette qualité de profane et d'intrus, que tout me rappelait, mon costume, les grands corridors blancs, les images pendues aux murs, le silence, la démarche grave et recueillie de la supérieure générale qui nous précédait, vieille femme à qui obéissaient les deux cent vingt monastères du Bon-Pasteur répandus dans le monde entier. Elle avait les yeux bleu vif d'un chef d'armée, un air de commandement et de décision que tempéraient l'humilité acquise et la finesse naturelle de la femme. Elle nous conduisit dans une salle vaste, sans autre ornement que la lumière, où étaient assises le long des murailles, sur trois rangs et laissant une avenue entre elles, les deux cent cinquante novices de l'ordre, toutes blanches aussi. Pendant que l'évêque, assis à l'une des extrémités de l'appartement, donnait aux religieuses des nouvelles de leurs sœurs d'Amérique, je considérais, retiré dans un angle, tous ces visages enveloppés d'un voile semblable et fixés dans la même attention. Il y avait là des Françaises, des Anglaises, des Américaines du Nord et du Sud, des Italiennes, des Espagnoles, des Allemandes, des Belges, des femmes venues des îles de l'archipel grec et de l'Asie Mineure, et la race se reconnaissait à la forme des traits, à la nuance de la peau, à un peu plus de raideur, ou d'abandon, ou de volonté tranquille dans la tenue, bien que les chaises fussent toutes exactement alignées, les tailles droites, les mains posées à plat ou jointes sur les robes tombant à plis pareils. Mais l'expression avait partout une parenté émouvante, et c'était la jeunesse, une joie enfantine, facile et pleine, qui déborde comme les fontaines en attendant qu'on y puise, et c'était une limpidité de regard qui disait la parfaite virginité des âmes. Je pensais, dans ce court instant qui ne se renouvellera jamais, que ces jeunes filles seraient demain dispersées à travers le monde, afin de se dévouer, elles, chefs-d'œuvre de pureté, à l'éducation des filles perdues ; elles toucheraient de leurs mains, de leurs lèvres, les créatures les plus rejetées ; elles vivraient avec celles dont le vice leur était le plus détestable ; elles se pencheraient sur toutes les hontes et se relèveraient avec une pensée intacte ; elles donneraient leur amour, qu'elles ont refusé au monde, à ce que le monde a corrompu, puis abandonné. Non, celles-là ne ressemblent pas aux héroïnes de romans, puisqu'elles les guérissent. Et je songeais aussi, me rappelant cette manière d'expliquer de pareils dévouements, qui traîne dans tant de livres : « Tout cela est au-dessus de nous. On ne sacrifie pas, pour un entraînement d'imagination, sa jeunesse, sa beauté, sa joie et sa vie ; on ne s'enferme pas dans un couvent avec les rebuts de la rue ; on ne vit pas quarante ans chaste, pauvre, sans autre volonté que celle d'obéir, parce qu'on a le goût du blanc, des fleurs artificielles et du silence, parce qu'on aime à respirer l'odeur d'un grain d'encens. Il y a autre chose, mais qui pourra le dire ? »

Voilà donc, avec leurs avantages et leurs défauts romanesques, quelques-unes des figures parmi lesquelles un écrivain trouvera ses modèles. Un homme qui est doué pour l'observation possédera vite, en lui-même, une collection d'images prises au hasard des chemins, incomplètes, fragmentaires, simples apparitions de la vie dans un moment de la durée, et qui ne sont que des éléments de personnages, des traits dispersés, des croquis pareils à ceux des peintres. Et, sans doute, il arrivera que ces croquis auront été faits et multipliés en vue d'une œuvre déterminée, mais le contraire est la loi commune. Les héros de roman, pour la plupart, sont beaucoup plus anciens, dans ces réserves de l'esprit, que l'intrigue qui les a groupés, et leur vie littéraire a été précédée d'une période plus ou moins longue de disponibilité, d'où ils sortent tout à coup, appelés et désignés par cette force qui s'appelle l'idée, et qui n'hésite pas, et qui va droit à eux, et leur dit : « C'est toi que je veux, tu vas vivre ! » Et ils viennent, dans la joie. Tout livre qui n'aurait point ces profondes racines serait superficiel. Toute documentation qui serait entièrement neuve aurait l'apparence d'une enquête, et on n'y reconnaîtrait point ce goût de la vie qui ne vient, aux romans comme aux fruits, qu'après quatre saisons. En attendant cette heure, qui peut-être ne sonnera jamais pour eux, ces ombres, ces héros de limbes, sommeillent dans le souvenir ou dans le cahier des notes, qui est rouge, ou gris, ou bleu, suivant l'humeur.

Oui, le cahier de notes, je ne m'en dédis pas. Je sais qu'elles ont leurs détracteurs, je sais qu'on n'est pas tendre pour elles, et qu'il y a des jugements qui condamnent les carnets et les tiroirs d'un auteur. « Toutes sortes de notes, dit encore M. Brunetière, ont cet inconvénient qu'il n'y a rien de si difficile que de résister à la tentation de s'en servir. » Je réponds que cela dépend, et que s'il est un usage dangereux des notes, il en est un autre fort légitime et utile. Je dirai même que je les crois nécessaires, mais à une condition, qui est de ne jamais les relire, à moins d'y être invité par l'appel immédiat du sujet, par la rencontre qui se fait, dans l'esprit, du geste logique d'un personnage avec le geste autrefois vu et saisi au vif de la nature. Elles ne feront pas le roman, parce qu'elles n'en ont ni la puissance ni le droit ; parce qu'elles sont incohérentes ; parce que le groupement de ces choses demi-vivantes n'est pas la vie ; mais elles y aideront, elles mettront une agrafe au manteau, une plume à la toque, un peu de noir au sourcil. Elles sont costumières. Sans elles, une foule de détails et de mots, obscurs dans la mémoire, ne se retrouveraient pas. Et si vous dites qu'elles ne sont qu'une poussière, j'y consens, mais la poussière vole ; accumulée, elle se colore ; montée très haut, elle est le bleu du ciel, et elle fait partie de l'atmosphère : c'est de même dans le roman !

Qu'on me permette un exemple. Je ne puis cacher que j'ai beaucoup étudié le monde de la mode et ses environs. Ce fut un voyage très long, très amusant et d'un intérêt très poignant à la fois. Pensez donc : visiter les premières maisons de modes et aussi les petites, à Paris et en province ; interroger la patronne, pénétrer dans les ateliers et surprendre les employées au milieu du travail, groupées au naturel, lasses, nerveuses, attentives, bavardant, honteuses d'être vues avec leurs manches de lustrine, douces, moqueuses ou hardies ; se faire présenter à mademoiselle Irma, qui est apprêteuse et cause très volontiers de son métier ; à l'artiste mademoiselle Mathilde, qui invente les plus jolis chapeaux de Paris, et manie les plumes et les rubans comme un poète les rimes riches ; tenir entre ses mains de petits cahiers de jeunes filles disparues, qui n'ont laissé après elles que de pauvres petites idées de luxe qui sont déjà passées de mode et ces quelques feuilles de journal souvent banales, souvent charmantes, avec des blancs, des endroits tout froissés et quelquefois des traces de larmes ; n'est-ce pas de quoi s'émouvoir, et sourire, et prendre pitié ? On apprend beaucoup de cette manière. On se défait de bien des opinions que professent les gens du monde à l'égard de ceux qui n'en sont pas. On acquiert, entre autres, la certitude qu'il y a parmi les ouvrières, à côté des vices, des travers, des imperfections propres à leur condition ou communes à l'humanité, des trésors d'énergie, de délicatesse et de poésie. Pour le prouver, j'ouvrirai ces notes dont j'ai parlé. Je citerai des phrases, des mots, des fragments de conversation ou de mémoires, écrits ou dits non par une seule, mais par dix jeunes filles, à Paris ou en province. Je n'y changerai rien. Vous reconnaîtrez leur signature de rêve et de misère, et vous apercevrez, du même coup, le secours qu'on peut attendre des notes.

Voulez-vous des âmes tristes ? En voici :

« Je suis vendeuse dans une maison de modes. Si vous connaissez la réputation des modistes, ma maison, hélas ! ne fait pas exception. Avec mon caractère faible, je suis bien en danger. Ajoutez à cela la fatigue. Je suis sur pied toute la journée, courant d'un salon à l'autre, parlant toujours, ayant affaire à des madames très difficiles, qui veulent être jolies quand même, et commandée par une première on ne peut plus légère, avec laquelle on est forcé d'être politique. Je rentre tard. Je ne suis jamais couchée avant minuit, ce qui est tard, quand on a une journée de travail derrière soi et une autre devant. »

Une autre m'a dit : « Savez-vous ce qu'on souffre, quand on se sent impuissante devant un travail qui est un gagne-pain ? À chaque saison, j'ai de ces moments de souffrance. Je ne m'y habitue pas. Il me semble, à chaque fois, que c'est fini, que je n'aurai plus d'idées. Un soir, j'ai prié Dieu, lui, le grand artiste, de me rendre capable de faire le travail qu'il veut que je fasse. Et, le lendemain, j'ai eu deux idées. »

Une autre, qui avait sa mère à sa charge, me disait avec un peu d'orgueil et beaucoup de tristesse :

« Il faudrait attendre au moins un an pour avoir un bureau de tabac. C'est bien long. Maman y a quelque droit : son grand-père, le comte Léopold de B., était colonel de la garde royale et chevalier de Saint-Louis. »

J'ai grand'peur que, malgré de pareils titres, le bureau de tabac n'ait pas encore pour titulaire mademoiselle Léontine.

Voulez-vous du socialisme naïf ?

« Je me rappelle avoir vu des socialistes en Angleterre. Nous en rencontrions, le dimanche, des milliers, réunis sur une place, en plein vent. Ce qui m'intéresserait aujourd'hui, ce serait de connaître leurs théories. Je veux lire, dimanche, l'article *Socialisme* dans Larousse. »

Et ce cri, bien curieux :

« Je n'en veux pas à la vie ; je sais qu'elle est faite pour quelques-uns. »

Voulez-vous des âmes tendres, des mots qu'un écrivain ne désavouerait pas ? Écoutez ces trois pensées écrites sur le même petit cahier par une Parisienne :

« J'aime lire un livre qui vient d'être lu par une personne aimée, et celui dont j'ai à couper les pages me donne toujours une première impression sèche. Je vais donc lire d'abord le roman que mon amie a lu. »

Un peu plus loin :

« Seule, je n'ai aucune force. Je serais heureuse qu'un être plus fort que moi, plus fort surtout par l'amour que j'aurais pour lui, fût mon guide et m'absorbât toute. »

« Au contraire des autres, je mesure l'affection qu'on me donne, et que je donne, aux tristesses éprouvées. »

Voulez-vous enfin des impressions d'artistes, écrites par de simples employées de la mode ?

« Il est minuit. Ma fenêtre est ouverte, et je me plais à entendre le roulement du tonnerre et à voir la lumière des éclairs. Je ris. Je fais des péchés de sensualité à écouter la pluie tomber, un autre en buvant de l'eau fraîche, un autre à respirer les fleurs que j'aime tant ! »

Et ceci :

« Peut-être pourrait-on comparer une patronne de grande maison à un chef d'école de peinture. En vérité, madame X. et madame Y. sont deux artistes de genre différent, et elles font véritablement école. Madame X., si elle avait été peintre, aurait probablement été un grand dessinateur, car elle a un œil merveilleux pour les formes, la ligne, l'harmonie, ses teintes sont généralement fondues, rien de heurté. On pourrait la comparer à Ingres, tandis que madame Y. est absolument l'opposé ; elle a bien l'œil de son ancien pays d'Orient. Nos couleurs sont riches, vives ; les mélanges de tons ont fait sa réputation par leur hardiesse ; on ne recule devant aucun mélange extraordinaire, on heurte, on oppose : mais tout cela en artiste. Benjamin Constant représente bien ce qu'aurait été madame Y. Chez madame X., on doit forcément devenir dessinateur de goût, et le goût doit être discret, fin, tandis que chez nous l'œil le plus terne devra s'habituer et finir par aimer les couleurs vives, et le goût le plus timoré deviendra hardi et original. »

On pourrait croire que ce ne sont là que de jolis mots, et que le souci de l'art qu'elles savent exprimer est de bien petite importance dans la vie de ces jeunes filles obligées de travailler pour vivre. Pas toujours. J'en connais une, réputée parmi ses compagnes pour son merveilleux talent d'invention.

Elle gagnait quatre cents francs par mois, comme première, dans une grande maison de Paris. Le directeur d'un grand magasin lui fait offrir six cents francs, plus de sept mille francs par an, — la fortune pour elle, — si elle veut venir diriger son rayon de modes. Elle réfléchit trois jours. Au bout de ce temps elle refuse. Et quelle raison donne-t-elle ? Je n'aurais pas osé la rapporter dans un livre, parce qu'on aurait trouvé cela invraisemblable. Le fait est vrai cependant.

Elle répond qu'elle serait disqualifiée, qu'au lieu d'être une créatrice d'œuvres personnelles, je ne puis dire tirées, mais portées à un seul exemplaire, elle conduirait une fabrique où le modèle, copié et recopié cent fois, deviendrait banal.

Il lui fallait ce qu'il y a d'imprévu, de rare, de capiteux, dans la mode de luxe. Elle refusait l'argent pour demeurer artiste.

Ce sont là des notes d'auteur.

Presque aucune d'elles n'a été employée, et, comme on dit, versée dans le volume. Mais n'aperçoit-on pas qu'elles pouvaient servir d'indication, et comment le rôle des cahiers et des carnets ne consiste pas simplement à rappeler des termes, des détails, des fragments d'histoire que la mémoire aurait pu perdre, mais surtout à renseigner l'écrivain sur la manière de traiter l'œuvre, sur ce qu'on nomme en peinture les valeurs ? Elles lui indiquent les tons qui s'harmoniseront le mieux avec le fond du tableau.

À présent l'idée maîtresse du roman peut venir, et choisir, parmi tant de figures vagues, celles qui prendront corps et seront des personnages. Elle apparaît ; elle possède une force créatrice ; elle dispose, elle assemble, elle se meut avec la souveraineté de la vie au milieu des éléments de l'œuvre encore dispersés et gisants. Elle doit avoir une vue prodigieusement sûre, car elle va chercher, au plus profond du souvenir, des traits presque oubliés qu'elle ramène soudainement au jour. Pourquoi ceux-là ? Pourquoi pas d'autres, plus voisins, plus séduisants peut-être ? Laissez-la faire. Elle ne se trompe pas, bien qu'elle n'hésite jamais, et si vous me demandez quelle est cette puissance qui agit si librement et si vite, je vous dirai que c'est simplement la vérité que l'écrivain veut souligner, la situation qu'il veut exposer. À peine s'est-elle formulée dans la pensée, et déjà les lignes générales du roman sont arrêtées. D'un mouvement qui semble instinctif, elle marque tous les rôles de premier rang, tous les principaux personnages à venir. Ils accourent, tels qu'ils sont, ces êtres informes, et si loin encore de la vie complète. Mais ils sont désignés pour vivre. Un peu de leur âme est déjà en eux. L'idée les a fait se lever. Ils se groupent, s'opposent, forment l'ébauche du drame, comme des marionnettes qu'on mettrait sur une scène pour figurer les acteurs futurs. Et ce n'est pas tout. Le cadre, le paysage, le décor de la scène est déjà dessiné. Une atmosphère enveloppe ce petit monde en formation. Et l'on peut dire que, dans ses traits essentiels, un roman est l'œuvre d'un instant.

N'est-ce pas évident, quand le romancier entreprend, comme il est si souvent arrivé, de raconter sa propre histoire et, plus spécialement, son enfance ? Le seul nom d'enfance n'évoque-t-il pas un roman qui est en nous tous, et qui s'y trouve à l'état romanesque précisément, je veux dire avec la poésie de la réalité et celle du recul, avec le double attrait de la jeunesse qui se souvient et de l'expérience qui raconte, avec ces grossissements de certains épisodes, que le lointain déforme et amplifie, comme il fait, entre les branches d'arbres, pour les astres qui se lèvent ? Sans réflexions, sans recherches, c'est le foyer qui apparaît, la maison, le château, le magasin paternel, les chemins ou les rues où l'on courait, les parents, les voisins, les amis d'école ou de collège, la cousine qu'on allait voir volontiers, les grand-tantes auxquelles il fallait rendre une visite annuelle, et tant de joies auxquelles rien n'a ressemblé depuis, et tant de larmes qui n'ont pas toutes séché. Les romanciers anglais, pour ne parler que d'eux, se sont plu à composer de ces autobiographies voilées, et les exemples seraient faciles à rencontrer dans Fielding, Smollet, Walter Scott, Dickens, George Eliot. Qui ne sait que l'original M. Micawber, si pauvre, §i généreux, si follement visionnaire, avait vécu sous le nom de John Dickens ? On peut critiquer le genre, pour des raisons qui ont été dites cent fois. On ne contestera pas que les personnages soient venus ici tous ensemble, à l'appel de l'idée.

Il n'en est pas autrement lorsque l'auteur traite d'autres sujets. Ici, je suis obligé de parler de moi, d'analyser mon expérience personnelle. Mais j'ai pour excuse la nécessité même, car, dans un problème si délicat, il est impossible de parler d'après l'expérience des autres, et nul ne saurait noter avec certitude la marche de pareilles idées, si ce n'est dans son propre esprit.

Je dirai donc que l'idée du roman qui s'est appelé *De toute son âme* ne m'est venue qu'après une longue étude du milieu. J'ignorais complètement ce que j'écrirais plus tard, quand je tâchais de pénétrer la vie difficile, pauvre et miroitante de l'employée de la mode. Après quelque temps, la connaissance de l'atelier, le souvenir de conversations nombreuses, et de nombreuses lettres, me firent apercevoir jusqu'à l'évidence, parmi d'autres choses, l'obstacle au mariage, que les jeunes filles de la mode rencontrent dans leur profession même ; comment celle-ci les affine et les déclasse ; comment elles sont d'un monde par leur naissance et d'un autre par leurs rêves, partagées entre le luxe du dehors et la misère de chez elles, jetées de l'un à l'autre par le travail qui reprend ou le travail qui cesse, également impuissantes à oublier la richesse qu'elles côtoient et à faire oublier la condition d'où elles sortent.

Aussitôt, les personnages s'imposaient à l'esprit avec une sorte de nécessité, ou, si l'on préfère, en vertu d'un raisonnement si prompt et si voisin de l'impulsion, qu'il semblait dégagé de toute idée de travail. L'héroïne, ce serait l'une des ouvrières les plus artistes de la mode parisienne, non l'une quelconque, mais celle-ci, qui avait les yeux couleur d'eau de mer, un air d'aristocrate, un sourire si facile et si vite retenu. Elle n'habiterait pas Paris parce que le paysage de Paris est fatigué. Si les ponts pouvaient parler, si la Sainte-Chapelle, le Palais de Justice, les « buées matinales » et les bateaux de la Seine, si le soleil couchant au-dessus du bois, pouvaient dire leur opinion aux romanciers, ils leur crieraient : « Assez ! assez ! » Non, elle habitait une ville un peu grande de province, au bord d'un fleuve aussi, pour que l'horizon fût plus large et d'une lumière plus variable. Celui qui, d'en bas, l'aimait, était un pêcheur de Loire, un timide et un passionné, de cette race où les résolutions mûrissent lentement et éclatent soudainement. Plus près d'elle, dans le travail journalier, elle avait une amie, l'autre type extrême de la mode, l'aventurière, l'errante, la lamentable quêteuse de pain, âme capable de tendresse et nullement d'art, qui ne s'attache qu'aux êtres. Entre elles deux, toutes les nuances d'ouvrières pourraient s'encadrer. Enfin, comme l'héroïne principale, entourée de compagnes moins élégantes et moins affinées, n'en serait que plus exceptionnelle, comme il fallait rappeler constamment et cruellement son origine, sa parenté, son monde d'où sans cesse elle s'évade en esprit, elle a un frère, l'ouvrier dont l'exemplaire vit sous nos yeux, l'homme que les mots corrompent autant que les passions, et qui se venge, par la haine universelle, de l'offense qu'il a reçue d'un seul. Tous les principaux personnages étaient ainsi désignés.

De même dans cette nouvelle intitulée *Donatienne*. En regardant, aux Champs-Élysées ou au Parc Monceau, ces théories de nourrices arrivées à Paris avec une chemise et une robe, à présent superbes, béates, tout enchâssées et ruchées de broderies, comment ne pas penser à ce contraste si dangereux, et au nombre des ménages pauvres qu'il a troublés et rompus à jamais ? L'idée, un jour, m'a frappé, et le drame, immédiatement, s'est trouvé bâti.

La nourrice, c'est une Bretonne, petite avec des sabots à talons hauts, coiffée d'une coiffe à deux ailes rondes et plissées comme un cyclamen, une de ces filles des côtes qui ont le sang léger et le cœur aussi. Il y a bien longtemps que vous la connaissez, que vous avez observé le fond d'envie de cette nature molle et d'imagination égoïste, sa perpétuelle et lointaine tentation d'échapper au devoir commun, d'être délivrée des soucis de sa vie de paysanne, obligée de soigner l'homme, les enfants et les bêtes. Vous avez eu mieux que l'occasion de la voir, le temps de l'étudier, en plusieurs exemplaires, puisqu'il est entendu qu'avant d'atteindre sa première année, un enfant de riches change deux ou trois fois de nourrice, pour le moins. Le pays qu'elle habite ? le canton de Plœuc, d'où elles partent si nombreuses pour Paris. Et c'est le soir. L'ombre achève de tomber. L'homme et la femme sont assis sur le seuil de la closerie, en haut de la colline, à la limite des bois, et ils font silencieusement le même rêve de misère, qui ne se partage plus, et que chacun fait de son côté quand elle a trop duré. Alors la lettre arrive, la lettre qu'on n'attendait plus et qui appelle la femme à Paris, dans ce monde de la richesse, des cadeaux, du bien-être, des rubans de soie, des dentelles, dont on parle si souvent dans le bourg. L'éblouissement est presque immédiat chez l'un des époux ; le chagrin, chez l'autre, n'attend pas une seconde et durera autant que l'absence, qui ne finira pas.

Autant qu'il est permis d'affirmer et de généraliser, dans une question éminemment subjective et complexe, je crois donc que l'esquisse d'un roman est une opération rapide de l'esprit, ordonnant en un instant une matière déjà rassemblée. La seconde opération de l'esprit est bien différente, celle de la mise au point, l'approfondissement des caractères, la combinaison des scènes, la création des personnages accessoires que l'idée maîtresse n'a pas nécessairement évoqués. Celle-ci suppose un long travail et une longue réflexion.

Plusieurs écrivains, je le sais, se livrent à cette œuvre de méditation dans la retraite de leur cabinet. Ils s'asseyent devant leur table, et, notant les idées qui leur viennent, font de la composition un travail suivi et régulier. C'est une méthode excellente, assurément. J'en connais une autre, plus vagabonde, plus paresseuse et plus lente : c'est de ne point hâter l'œuvre à venir, de n'y penser que rarement avec application, et d'y songer toujours. Les personnages sont nés, ils vont grandir et se parfaire doucement, sans effort, comme sans arrêt. J'appellerai cet état la période d'amour, parce que l'amour est seul créateur. C'est de lui que vient la vie, de plus en plus pleine, de ces êtres de fiction. Ils progressent d'une façon mystérieuse, mais le progrès est certain. Il est perçu par l'esprit beaucoup mieux que l'effort dont il procède. Avez-vous songé quelquefois au frémissement invisible qui doit faire trembler une bouture de jeune arbre, quand le premier fil de racine, perçant l'écorce, rencontre la terre et, avec la terre, la vie ; quand une goutte de sève, une seconde, une autre encore, monte dans la tige demi-morte ? Supposez un taillis de jeunes chênes qui auraient conscience du développement graduel et de l'épanouissement de leurs bourgeons ; qui sentiraient grandir en eux la feuille, la branche, l'arbre que personne n'aperçoit, et qui penseraient : « Ah ! la bienheureuse brume ! elle a dissous l'enveloppe de vernis qui m'emprisonnait ; ah ! le clair soleil qui déroule mes germes plissés ; ah ! la bonne pluie qui fait boire à leur soif toutes mes racines à la fois ! » Il me semble qu'un phénomène à peu près pareil s'accomplit pour les personnages de roman. Ils cherchent obscurément et s'assimilent la vie éparse autour d'eux, les souvenirs anciens qui seront, si vous voulez, le sol avec ses réserves de sucs féconds, et puis les impressions qui traversent et qui passent, comme la pluie et comme le vent. Ils ne cessent point d'agir parce que l'attention du moment s'est détournée d'eux. L'existence ordinaire n'est ni interrompue ni troublée. Mais une idée survient, et aussitôt le héros de roman auquel on ne pensait pas, s'écrie : « Elle est mienne, je l'exprimerai ! » Un geste d'inconnu, un mot frappe l'esprit, et une voix intime s'élève et dit : « Il m'appartient par droit d'harmonie ! » En cet état, il y a un profit de toutes choses. La rencontre d'un ami peut achever un rôle incomplet ; une fin de chapitre sortir d'une course en fiacre ; l'audition d'un concert jeter dans une rêverie qui dictera, en la chantant, toute la poésie d'un livre. Il y a aussi, vous le devinez, des heures de volonté pleine, de labeur attentif. Mais que ce travail soit raisonné ou presque inconscient, vous voyez qu'il modifie toujours, plus ou moins, le modèle choisi. Le type premier du personnage, pris dans la vie réelle, peut demeurer reconnaissable ; il n'est pas tout à fait ressemblant. Les paroles qu'on lui prête, il ne les a pas toutes dites ; les actes qu'il accomplit n'ont pas tous été siens, bien que chacun soit commandé par la logique et dérive d'une observation. L'intrigue elle-même, si elle est bien conduite, supprime une foule d'actions communes et sans intérêt ; elle simplifie le personnage, et c'est un effet de l'art ; elle l'engage en des situations où il reste fidèle au caractère d'élection, mais qu'il n'a pas traversées, et dont on peut dire seulement qu'il les eût traversées de cette manière. Et cela montre qu'il n'y a pas de réalisme absolu ; qu'il n'y a pas, dans le roman, de portrait entièrement vrai ; que les œuvres de cet ordre restent, pour une large part, des œuvres d'imagination. Le modèle a vécu, et peut-être vit-il encore ; son tempérament tout entier et beaucoup de ses traits passeront dans le livre : mais toute composition a pour but de changer un homme en personnage, et les détails qui l'achèvent le transforment en même temps.

Période d'amour, ai-je dit, et cela me paraît bien vrai. Ces êtres qui doivent vivre, il faut qu'ils soient aimés. Il faut s'identifier avec eux, souffrir et se réjouir avec eux, de telle sorte que ce soient eux qui parlent et agissent par notre âme qu'ils possèdent. Ils ne sauraient habiter longtemps en nous sans que ce phénomène se produise. Leur vie grandissante emplit la maison, comme les enfants arrivés à l'âge d'hommes. Simples figures d'abord, ébauches où dort une âme frêle, ils se développent, ils parlent, ils prennent une fermeté de traits où l'on sent que l'heure est proche de la vie agissante. À un moment, ils sont parfaits, de la perfection relative que chaque esprit peut leur donner. Alors une vision émouvante s'ouvre devant l'écrivain, une vision qui lui fait oublier toute la peine passée, qui soutiendra son courage dans les épreuves nouvelles qui vont suivre. Il voit, avec une netteté qui ne laisse rien dans l'ombre, toute l'œuvre dont il n'a pas tracé une ligne, il l'aperçoit achevée, avec les portraits, les dialogues, les paysages, avec la beauté de rêve qu'il espère traduire. L'apparition le décide. Il prend la plume, et il écrit.

Le lecteur de romans

Quel est le public naturel du roman ? À supposer qu'une œuvre romanesque puisse être lue par tout le monde, est-ce là une supériorité ou un simple accident ? Y a-t-il là un idéal dont doive se préoccuper un écrivain, ou bien existe-t-il, dans l'idée même du roman, un élément qui détermine et limite le public auquel s'adresse le romancier ? En un mot quelle valeur faut-il accorder, esthétiquement, à la fameuse formule du roman « qui peut être mis entre toutes les mains » ?

La question me semble intéressante en ce que, d'abord, elle touche de près celle de la moralité dans le roman.

Elle l'est encore parce qu'elle se trouve posée avec une vivacité et une fréquence notables dans la vie, et qu'elle influe sur l'éducation française. Dès qu'un journal, par exemple, ou un magazine, ou une revue, se déclare respectueux de la morale, ou qu'on a des raisons de le supposer tel, quelques-uns de ses abonnés ne manquent pas de s'en prévaloir, et d'exiger du directeur, non pas des romans moraux, ce qui est leur droit, mais des romans pour jeunes filles. Ils ne s'embarrassent pas de savoir si le roman doit être lu par des hommes ou des femmes mariés, des grand-mères, des célibataires déjà très mûrs, et si de tels lecteurs s'intéresseront à des lectures édifiantes sans doute, mais puériles ; ils exigent que le roman soit invariablement écrit pour Marguerite qui a quinze ans, ou pour Madeleine qui en a dix-sept. Ils l'exigent au nom de ce qu'ils croient être un principe. Que l'économie politique, les articles scientifiques, la chronique mondaine, les pages d'histoire où de mémoires ne conviennent pas à leurs enfants, ces abonnés l'admettent ou plutôt le concèdent. Ils toléreront que l'historien de la marquise de

Pompadour ou de mademoiselle de La Vallière raconte des anecdotes à la fois libres et historiques ; qu'un diplomate signant Trois-Étoiles rapporte un propos léger, — qu'on appellera gaulois pour le faire passer, — d'un personnage russe ou anglais ; qu'un naturaliste s'exprime en termes clairs sur les phénomènes naturels : et d'ailleurs, quinze jours après l'apparition de la livraison, vous êtes sûrs de retrouver intacts, dans plus d'une maison, sans une coupure aux tranches, les articles de cette sorte. On les critique peu parce qu'on les lit moins. Mais que le directeur du journal, du magazine ou de la revue s'avise de publier une nouvelle où l'on parle de la vie sans mensonge, avec la sévérité, l'ironie ou la pitié qui convient, il peut être assuré de recevoir des lettres indignées. Une première mère écrira : « Nous pensions, monsieur le directeur, que votre feuille était un journal de famille, un journal honnête. Comment voulez-vous que nous y croyions encore après ces *Noces de Micheline*, que vous avez eu le triste courage d'accueillir ? » Une seconde mère ira plus loin : « J'ai défendu à mes enfants, dira-t-elle, d'ouvrir désormais votre publication, et si pareil scandale se renouvelle, je vous préviens que je cesserai mon abonnement. »

Remarquez que l'œuvre incriminée n'a aucun caractère d'immoralité ; qu'elle est écrite, je le suppose, avec un sentiment de réserve et de respect. Remarquez, en outre, que dans la pensée de l'abonné, les mots « romans pour toutes les mains » ont un sens bien étroit et bien singulier. Le roman que les lettres ci-dessus exigent et proclament familial ne sera sûrement pas lu par le chef de la famille ; la mère ne le parcourra qu'avec cette préoccupation : « Est-il lisible pour mes filles ? » Et, en somme, le roman pour toutes les mains ne séjournera que dans les petites mains de quinze à dix-huit ans, qui ont cessé d'habiller des poupées et qui ne bercent pas encore des enfants.

Or, je crois et je vais essayer de prouver que les abonnés de ce journal ou de cette revue sont dans leur tort ; que le roman tel qu'ils le conçoivent et l'imposent est une œuvre fausse et néfaste ; que le roman pour les jeunes filles ne saurait être autre chose qu'un accident heureux, dans une littérature qui n'est pas faite pour elles. Pour mieux poser la question, je crois que le roman, par sa nature, est destiné à ceux-là seuls qui ne sont pas au début de la vie.

Et j'en aperçois deux raisons. La première, c'est qu'il est une œuvre destinée à peindre les hommes tels qu'ils sont ; la seconde, c'est qu'il constitue une œuvre d'art extrêmement complexe.

Que le roman soit d'abord une œuvre d'observation, personne n'y contredira. Sans doute, l'écrivain aura le choix de son milieu, de ses personnages, de l'intrigue et du dénouement de son drame, mais toujours son récit devra donner quelque figure de la réalité, en produire l'illusion. Or, la réalité est mêlée de bien et de mal, et la proportion du mal dépasse celle du bien. Les situations tragiques surtout ne supposent-elles pas, presque toujours, une faute dont elles sont la conséquence ? N'est-ce pas du spectacle de la lutte contre les plus violentes passions, du contraste entre le bien et le mal représentés par des personnages différents, ou par les tendances différentes du même personnage, que naîtront les sentiments que l'auteur veut faire éprouver au lecteur : l'admiration, la crainte, la haine ? L'écrivain le plus honnête a-t-il le droit, a-t-il le pouvoir de chercher ailleurs le principal ressort et l'intérêt de son œuvre ? Évidemment non. Il doit savoir et il doit dire le mal. Et, par là, son devoir est tout autre que celui des parents, qui est de préserver l'enfant de la vue du mal. Observez comme ils s'y emploient : ils l'écartent des compagnies dangereuses ; ils ferment à clef la petite bibliothèque vitrée ; ils s'abstiennent devant lui, non seulement de mots libres, mais de conversations qui pourraient, tout honnêtes qu'elles soient, lui donner trop tôt la science du milieu de la vie ; ils veillent à ne l'initier que peu à peu aux préoccupations, aux passions, au langage même des âges qui ne sont pas venus pour lui. On peut dire que ce petit combattant n'est armé que par degrés, afin que ses armes ne le blessent pas lui-même tout d'abord, et qu'il les reçoit une à une, comme les enfants des chevaliers d'autrefois, selon l'aventure qu'il peut courir. Mais, si tel est le devoir des parents, n'aperçoit-on pas qu'on ne peut, sans exagération, sans péril pour l'art, en étendre l'obligation aux écrivains ? Ceux-ci répondront, avec raison, qu'ils n'écrivent pas pour des enfants ; qu'ils n'ont pas à se préoccuper de l'âge de ceux qui les liront ; qu'ils ne sauraient être astreints à peindre la vie autrement qu'elle n'est, sous prétexte qu'ils auront peut-être des lecteurs ignorants de la vie ; ils prétendront, et ils n'auront pas tort, qu'ils sont quittes envers la morale s'ils écrivent ce que d'honnêtes gens peuvent honnêtement et utilement lire.

Il faut ici préciser. La licence de tout dire n'existe pas. Je sais bien qu'elle est proclamée, comme un dogme, par toute une école de publicistes qui prétendent que l'art n'a pas de règle, n'a pas de pudeur et n'a pas de danger. Je suis d'un avis tout contraire. Je crois que l'art est soumis à la loi morale, à laquelle n'échappe aucune manifestation de l'activité humaine, et qu'il y est d'autant mieux soumis que l'œuvre d'art est une œuvre d'enseignement, une leçon, un acte d'influence et de direction sur autrui. Je crois que le livre est une puissance extrêmement féconde, soit pour le bien, soit pour le mal. Et dès lors, pour me renfermer dans le sujet que j'ai entrepris de traiter, il me semble que le romancier aura pleinement satisfait à la morale, s'il remplit deux conditions, dont l'une concerne le but et l'autre les moyens.

Il doit d'abord exprimer ou laisser transparaître une conclusion saine. Je ne dis pas une conclusion optimiste ; je ne dis pas célébrer le triomphe du bien sur le mal, que nous ne voyons pas toujours se manifester, hélas ! dans la vie. Je pense seulement que le livre sera bon si le lecteur, en le fermant, a senti plus vivement le danger, personnel ou social, de la faute ou de l'erreur que l'auteur a décrite, ou s'il a plus clairement compris la grandeur et la nécessité de la loi morale à laquelle il est, comme homme, obligé d'obéir. Sans cela, et si le livre excite l'homme à la révolte, je ne vois plus dans l'œuvre écrite qu'un désordre, que toutes les raisons d'art ne sauraient excuser, car l'art ne peut être antisocial, antihumain ; il doit être un agent de progrès, et une force pour soulever les âmes ; ou bien il n'est qu'un danger qui grandit avec le talent de l'écrivain.

Un grand nombre de romanciers ont eu l'intelligence de cette obligation première et s'y sont conformés. Il y en a très peu qui se soient proposé, délibérément, de laisser à ceux qui les lisent une impression finale contraire à la morale. Mais cette condition ne suffit pas. Je connais, vous connaissez tous, de détestables livres, qui ont un excellent chapitre trentième. On citerait, à la douzaine, des romans qui ont souillé des imaginations, troublé des cervelles et des cœurs, et qui renferment quatre pages finales de la plus belle envolée, d'une philosophie acceptable et même excellente.

C'est que, en effet, une autre règle plus délicate, infiniment plus difficile à observer, s'impose à l'écrivain, à celui-là surtout qui prétend raconter et analyser le monde des passions humaines. Obligé de dire le mal, il doit en éveiller l'idée sans en exciter le désir. Il doit prendre garde que la peinture, trop complaisamment poussée, d'un sentiment mauvais, d'un vice, d'une faute, ne fasse oublier au lecteur la perversité du sentiment ou de l'acte ; il faut qu'il mesure le danger de l'exemple qu'il crée lui-même, et que, par une habileté dont le public ne s'apercevra peut-être pas, sans le dire le plus souvent, il laisse aux manifestations de la volonté humaine leur caractère de liberté, de mérite ou de démérite. Règle redoutable ! J'avoue qu'elle est gênante, mais il n'y a rien de facile en art. Il suffit qu'il soit possible de la suivre, et cela n'est pas douteux. La difficulté n'est pas de citer des exemples, mais de les imiter. Où commence l'inutile excès d'analyse ? Où la secrète indulgence qui flatte le fond perverti de l'homme ? Où le détail qui n'ajoutera rien à la valeur du livre et qui risque d'en altérer le sens et d'en ruiner le bienfait ? Toutes les explications sont ici superflues, tous les commentaires ne guideraient pas sûrement. Le seul guide qui ne trompera pas, c'est une conscience affinée, respectueuse des âmes, et, pour tout dire, le tact chrétien de l'auteur.

Ainsi l'écrivain est lié. Faites attention qu'il est, en même temps, singulièrement grandi par ses obligations envers la loi morale. Mais que, tout au moins, dans ces limites, sa liberté soit entière ! Qu'on n'aille pas la restreindre, sous prétexte que des enfants de quinze ans liront peut-être ses œuvres ! Non ; là commencerait un abus tout à fait condamnable, destructeur de la sincérité, de la beauté, de l'art lui-même. Cette liberté, nous la voulons respectueuse, mais nous la voulons aussi respectée. Le romancier aura le droit de peindre toute la vie, telle qu'elle est, à l'exception des bas-fonds d'obscénité, qui ne sont pas du domaine de l'art ; il pourra étudier toutes les passions, leurs développements, leurs effets, tous les troubles mauvais de l'âme, et tous les crimes, aussi bien que les repentirs et que les autres actes de beauté morale. Je crois fermement qu'il y a une manière chaste de dire les choses qui ne le sont pas, et cela sans fausse pudeur et sans fausse précaution. Je crois que c'est là un droit absolument nécessaire de l'écrivain, et qu'il n'y a presque pas de roman ou il ne doive en user, parce qu'il n'y a presque pas de drame auquel le mal ne soit mêlé essentiellement.

Et c'est pourquoi j'affirmais tout à l'heure que le roman « pour toutes les mains » est un genre faux. Il écarte de la vie un élément qui appartient à la vie et dont le plus honnête homme ne peut pas ne pas tenir compte. Il conduit les auteurs à ces mièvreries dont les petites pensionnaires elles-mêmes devinent le mensonge, puisqu'elles ne les relisent pas. Car, c'est une observation qui fait honneur à l'instinct de la jeunesse : les jeunes filles de vingt ans dédaignent les livres qu'elles ont dévorés en sortant de pension. Elles ne savent pas ce qu'est la vie, mais elles savent que la vie n'est pas dans ces contrefaçons illicites, et elles sentent qu'on les a trompées. Elles en acquièrent plus tard la certitude. À quoi bon de pareilles lectures ? À quoi bon surtout de pareils ouvrages ?

Le mal ne serait pas grand s'ils disparaissaient subitement, par un coup de baguette magique, de notre littérature. Quant aux autres, à ces romans qui n'ont pas été écrits pour les jeunes filles, et dont le nombre est incalculable, il en est bien peu, même parmi les meilleurs, qui puissent être d'une lecture profitable ou simplement indifférente avant la vingtième année. Je sais qu'il y a ce qu'on appelle les romans honnêtes. Presque tous les écrivains ont rencontré, une ou plusieurs fois, et ils ont traité des sujets dont l'affabulation peut être exposée, résumée, expliquée, devant un auditoire d'école primaire. Les noms nous viennent d'eux-mêmes à l'esprit. Vous avez présent et vivant dans le souvenir tel livre d'Alphonse Daudet, de George Sand, d'André Theuriet, de Cherbuliez, telle nouvelle de Loti ou même de Maupassant, qui n'est pas seulement une belle histoire, mais une bonne histoire, parfaitement saine en chacune de ses parties. J'en tombe d'accord. Est-ce à dire qu'elle convienne à des jeunes filles ? Je me permets d'en douter, et voici pourquoi. L'auteur n'a pas eu l'ambition d'écrire pour un public d'adolescentes. Il a écrit pour des hommes et des femmes qui peuvent pénétrer et compléter son idée, deviner les sous-entendus, peser les mots, et faire à côté de l'œuvre du maître ce qu'on pourrait nommer l'œuvre du lecteur. Cette collaboration, que la jeunesse ne peut lui donner, est nécessaire à toute grande œuvre, elle est un élément avec lequel l'écrivain doit compter. Les artistes ne disent pas tout, ou parce qu'ils n'en ont pas le droit, ou parce qu'il leur suffit d'indiquer une ligne pour que la courbe se prolonge à l'infini dans l'esprit du lecteur intelligent. Ils pressentent, ils voient d'avance qu'à un tout petit passage qu'ils écrivent avec plus d'émotion, où ils mettent un peu plus de leur âme, le livre se fermera entre les mains pieuses d'un homme ou d'une femme, et qu'il y aura de longs rêves autour d'une seule ligne, comme on voit d'une seule graine s'élever et s'épanouir tout un buisson en fleur. Encore faut-il que la terre où tombera cette graine ait été remuée par la vie, qu'elle soit apte à recevoir, à envelopper, à nourrir, à porter jusqu'à sa floraison cette semence de pitié, de résignation, de courage ou d'amour, poussière des âmes créatrices qui s'envole, qui se disperse à travers le monde, mais qui ne germe pas partout où elle tombe. L'éducation, l'instruction, ne sont que des éléments secondaires dans cette association du lecteur avec l'écrivain. C'est la vie, c'est la souffrance personnelle qui prépare la communion de ces inconnus dans une même émotion, que l'un exprime à peine, et que l'autre éprouve tout entière. Et la jeunesse a sans doute d'autres privilèges, mais elle n'a pas celui-là. Elle n'a pas souffert. Elle n'a dans les yeux que la joie du monde qui s'ouvre. Elle laissera périr la pensée d'autrui ou bien elle s'épuisera en essayant de la porter. Le roman de la vie vraie n'est pas fait pour ceux qui n'ont pas vécu.

Le moindre mal qui résulte, pour des âmes trop jeunes, de l'étude des œuvres romanesques, c'est l'exaspération de la sentimentalité. N'y sont-elles pas assez disposées naturellement ? À supposer même que l'esprit n'en reçoive aucune flétrissure, est-il souhaitable que les jeunes filles commencent à entrevoir la vie à travers le roman ? Je ne le crois pas. Et veuillez observer qu'on peut soutenir cette idée sans être, pour cela, partisan d'une éducation étroite, sans prendre parti pour la pruderie, la niaiserie et l'ignorance, qui n'ont jamais été des vertus, et qui sont aujourd'hui des dangers graves. Je suis de ceux qui pensent que les vertus les plus fermes, et peut-être aussi les plus pures, sont celles qui ont au moins un pressentiment ou un avertissement du mal. Mais, pour cette leçon difficile, je récuse l'école du roman. Je soutiens qu'elle est funeste, qu'elle énerve les âmes au lieu de les tremper. Je dis qu'il faut relire la vie dans les livres, mais qu'il faut l'apprendre de la vie elle-même, en la regardant en face avec des yeux bien clairs.

Cette observation m'amène tout naturellement à en formuler une autre. S'il y a, en effet, une sorte d'incompatibilité et de disconvenance entre l'esprit de la jeunesse et le caractère moral du roman, il me semble qu'on peut en dire autant lorsque l'on considère le roman, non plus comme une œuvre morale, mais comme une œuvre d'art. Là encore la jeunesse, l'inexpérience du lecteur est un grave défaut. Et j'oserai avancer que la perfection de cette forme littéraire exige tant de conditions et de si subtiles, qu'il faut, pour la comprendre et pour la goûter complètement, pour en tirer un autre profit que celui, très banal souvent, d'une anecdote, une intelligence déjà mûre et ornée.

Oublions pour un instant la manière dont sont lus la plupart des romans, prêtés un jour, rendus le lendemain, dévorés par des yeux souvent jolis, mais qui ne savent pas lire, qui ne savent que suivre un héros à travers les pages d'un livre, comme un passant qui s'éloigne sur le sable d'une promenade.

Oublions qu'on les juge trop souvent, ces personnages imaginaires, comme s'il s'agissait de les faire entrer dans son salon, sur leur sourire, leur naissance, le tour plus ou moins élégant de leur conversation, en un mot sur leurs qualités mondaines. Oublions que plus d'une lectrice, jeune ou vieille, n'a d'autre critérium, pour apprécier un caractère, que celui qui consiste à se demander, si elle est jeune : « L'aimerais-je ? », si elle est vieille : « L'aurais-je aimé ? », et à répondre oui ou non. Oublions surtout qu'il existe un nombre bien grand d'œuvres romanesques qui ne méritent pas une critique moins sommaire. Supposons un livre de premier ordre aux mains d'un lecteur digne de lui. Celui-ci saura pénétrer tous les secrets de l'écrivain, et goûtera une joie vive dans la découverte de chacun d'eux.

Ce sera d'abord, si vous le voulez, le don de la vie communiqué à ces êtres d'idéal, la vérité de leur physionomie morale ou physique, leur fidélité à eux-mêmes d'un bout à l'autre de l'œuvre, la diversité des langages dont ils se servent, et qui correspondent à des différences ou à des nuances de caractère, la vraisemblance de l'intrigue, la proportion des épisodes, l'agencement des parties, autrement dit la composition de l'œuvre. Il y aura là, pour un esprit avisé, mille observations à faire et mille comparaisons à établir. Il ne pourra s'empêcher de remarquer que le talent de composition a été inégalement réparti, non seulement entre les hommes, mais entre les nations ; que le roman d'un Français est composé autrement que celui d'un Russe, d'un Anglais, d'un Allemand.

Ces observations, ces rapprochements que j'indique ici rapidement, et qui sont du domaine de la critique élémentaire, un lecteur véritable doit les faire, et un livre de mérite doit les provoquer.

Mais la parfaite pénétration d'une œuvre romanesque nous conduira bien au-delà de ce point. Veuillez me suivre dans ce domaine moins familier aux critiques superficiels, et où se rencontrent cependant les plaisirs les plus vifs d'un lettré, les originalités les plus fortes d'un écrivain. Je veux parler du cadre du roman. Je ne me sers pas de l'expression : paysage ; elle serait trop étroite. Le cadre du roman, c'est toute l'atmosphère où se déroule l'action, c'est l'entourage, la maison, le mobilier aussi bien que la campagne ou le quartier, le reflet des choses sur les hommes. Car la nature est intimement associée à nos actes. Elle agit presque constamment sur nous, et quelquefois, pour en témoigner, nous lui prêtons une âme. Ce n'est là qu'une figure. Il n'y a d'âme que la nôtre, mais impressionnée par le monde extérieur et modifiée par lui. Nul ne saura jamais les lois de cette influence des choses, le secret de la dépression morale, de la tristesse ou de la joie, de l'énergie, de la grandeur et de la plénitude d'amour que nous recevons d'elle. Nous subissons même la puissante maîtrise de l'heure et de la lumière. Nous avons une parenté avec la terre qui nous porte. Voyez, dans une même patrie, les gens de la plaine et ceux de la montagne, ceux qui communiquent, par tout leur être, avec le sol rocheux, l'air sec, avec les bruyères, avec les grands flamboiements de soleil sur des surfaces arides ; regardez à côté et étudiez ceux que la vie enferme dans l'ombre moite des forêts ; observez le visage des mêmes travailleurs qui change avec les saisons, la couleur de leurs paroles ou de leurs yeux qui varie plus d'une fois en un jour, et dites si nous ne sommes pas un peu les sujets de ce monde que nous dominons par la pensée ? La parcelle d'univers où nous vivons et que nous n'avons pas faite influe sur nous, et aussi l'entourage immédiat que nous nous sommes donné : notre maison, les objets dont elle est ornée, les ombres habituelles de ses murailles et les clartés de ses fenêtres, le bruit encore avec lequel la vie nous berce, bruit de la rue et de la place, murmure des eaux, murmure du vent, voix d'enfants, voix de femmes, voix chères dont les mots ne parviennent pas toujours à l'oreille, dont l'accent va toujours au cœur, bourdonnement du travail dans l'atelier voisin, silence même de la nuit, où passe l'accord de mille bruits apaisés et confus.

Tous les romanciers se sont préoccupés de traduire cette vie qui enveloppe la nôtre, et ils l'ont fait avec une variété de procédés infinie, selon leur tempérament, selon leur race, selon le temps où ils ont vécu. Ah ! la curieuse, la passionnante étude pour un lecteur attentif ! Comment ne serait-il pas frappé de l'extrême sobriété du cadre, par exemple, chez nos classiques ? Comment ne pas voir, au contraire, l'exubérance du cadre chez Chateaubriand et chez les romantiques, ses enfants ? Qu'est-ce que le roman de *Notre-Dame de Paris*, de Victor Hugo, sinon l'exemple le plus extraordinaire qui soit, avec cet autre roman, *les Travailleurs de la mer*, d'un maximum de description où se mêle un minimum de récit ? Et entre ces extrêmes, quel plaisir de surprendre l'art particulier d'un Théophile Gautier, d'un Balzac, d'un Flaubert, d'un Alphonse Daudet ! Ce ne sont pas là des joies de la dix-huitième année. Mais je soutiens que l'immense majorité des lecteurs ont une opinion très nette sur la question. Les principes, tout au moins, apparaissent aux intelligences les plus simples, les moins préoccupées de littérature, et se formulent tout naïvement. À qui n'avons-nous pas entendu dire, non pas une fois, mais dix-fois : « Ce livre est mal fait, il a trop de descriptions. » À qui n'est-il pas arrivé de tourner négligemment trois ou quatre pages descriptives, et de reprendre plus loin, en corrigeant l'auteur, la narration interrompue ?

Le sentiment qui fait parler ou agir la foule, en pareil cas, c'est l'ennui, direz-vous. On pourrait soutenir que c'est le bon sens. Mais une femme ou un homme instruit, habitué à raisonner, ne s'en tiendra pas là. Il cherchera les causes de cette désaffection subite de son esprit, en présence d'une description prolongée, et voici quelques-unes des innombrables réflexions qu'il pourra faire.

Ils se sont trompés, les Goncourt, dira-t-il, quand ils ont avancé qu'il faut « peindre avec la plume ». Non, la littérature est un art et la peinture en est un autre. Le peintre et le romancier verront le même paysage ou le même décor d'appartement ; ils le verront peut-être avec des yeux également fouilleurs, sensibles aux moindres nuances de couleur et aux harmonies des formes ; mais, si leur vision est la même, ils la rendront par des procédés et dans un but bien différents. Le peintre établira son chevalet dans une clairière de forêt, je suppose ; il dessinera les troncs et les branches des arbres, les buissons, les places d'ombre et de lumière ; il s'ingéniera à peindre ces dégradations de teintes des frondaisons qui s'éloignent et qui, vertes d'abord, se perdent bientôt dans le bleu. Et ce qu'il essayera de rendre, ce sera l'aspect d'une futaie, à une certaine heure du jour et de l'année, tel qu'il se révèle à des regards qui ne sont occupés que de ce seul objet : bien voir. Toute son ambition de peintre, d'ailleurs très haute et très périlleuse, tend à éveiller dans une autre âme l'impression qu'a produite sur lui-même le spectacle de la forêt, — sur lui-même, observons-le bien, qui ne cherchait que la beauté, et appliquait à cette contemplation ses sens et son esprit.

Il faut, chez un homme, ces dispositions que j'appellerai exclusives, pour qu'il perçoive et retienne chacun des détails dont se compose un paysage. Et si cet homme ne fait que traverser la forêt, mais surtout s'il apporte avec lui une émotion étrangère qui partage son attention, son regard en sera changé et sa vision ne sera plus la même.

C'est précisément ce qui a lieu lorsqu'un personnage de roman est amené par un auteur dans la clairière de la forêt. Ce personnage ne vient pas là pour peindre. Il nous a déjà été présenté. Il se nomme Jacques et il est amoureux ; il se nomme Albert et il pleure sur l'abandon de sa meilleure amie ; il se nomme Dominique et des embarras de fortune lui rendent difficile la résignation nécessaire à la vieillesse qui s'annonce. Nous le connaissons, et l'intérêt que nous lui portons est surtout fait de la curiosité de savoir comment il sortira des difficultés où l'ont jeté ses passions ou les circonstances de la vie. Sa façon de juger la nature ne nous est pas indifférente, mais elle ne nous importe que secondairement. Et nous ne le comprenons plus, nous sommes en désaccord avec lui, si, tout à coup, s'arrêtant dans la clairière que nous avons imaginée, il s'abstrait de ses préoccupations, de ses amours, de ses rancunes, de ses rêves, pour contempler la nature avec la minutie, avec la longue patience d'un peintre et d'un homme de métier. Non, la vraisemblance, le goût instinctif demandent que la vision d'un héros de roman soit une vision passionnée, c'est-à-dire en étroite relation avec la passion qui agite le cœur. Il ne verra que les détails qui peuvent fournir un aliment à ses pensées de l'heure présente ; il ne verra que son âme souffrante ou heureuse dans la nature où il la répand ; il n'aura pas remarqué l'exacte courbe d'un chemin qui tourne sous bois ou d'un arbre plié par le vent, mais d'immédiates comparaisons se seront levées en lui, et ce qu'il aura retenu, soit comme une ironie, soit comme une harmonie, ce sera la paix, l'ordre, ou la sauvagerie, ou la fraîcheur, ou la tristesse morne de ce coin de la nature. Il ne cessera pas, enfin, d'être l'acteur du drame dont nous voulons le secret.

La longue description est donc généralement fausse en littérature, parce qu'elle est incompatible avec l'action. Cela est vrai de la description d'une forêt et aussi de celle d'une maison ou d'un mobilier. Le cadre des personnages ne doit pas être traité séparément et pour lui-même, mais d'une certaine façon humaine et comme un complément des héros.

Le plus véridique des artistes, le plus réaliste, — dans le sens de voisin du réel, — sera l'écrivain qui donnera l'impression constante de la présence des choses, qui les mêlera à la vie, et qui ne confisquera pas à leur profit l'attention qui ne doit pas cesser de voir les âmes et de les suivre.

Où sont les modèles de cet art parfait ? Jean de La Fontaine eut cette faculté géniale, ce tact qui arrête l'écrivain avant la faute de goût. Dans ses fables, le paysage n'est presque jamais absent, mais le trait en est léger autant que précis ; il accompagne les personnages sans nuire à leurs mouvements, discret comme les lointains de la Toscane ou de l'Ombrie qu'on aperçoit dans les tableaux des primitifs italiens, derrière les auréoles. De nos jours, il y a bien aussi quelques écrivains, et notamment quelques romanciers, qui ont compris le rôle nécessaire, constant et subordonné du décor. Mais les meilleurs stylistes ne sont pas tous des modèles sur ce point. On a reproché à Flaubert de s'être repris à dix fois, — le chiffre est mathématiquement exact, — pour peindre la visière de la casquette de M. Bovary. Eh bien ! on a eu tort. L'extrême application de l'écrivain ne peut que lui faire honneur. C'est peut-être ailleurs qu'il s'est trompé, dans *Salammbô*, quand il a amoncelé les pages pour décrire, magnifiquement, il est vrai, le banquet des mercenaires, les lions crucifiés, ou même la petite et impériale Salammbô descendant l'escalier du palais. Mais il a donné un exemple admirable de description vivante quoique étendue, quand il a peint le comice agricole dans *Madame Bovary*, parce que l'idée maîtresse du livre s'y mêle étroitement à la vision des choses. Le secret est là, et peut-être n'existe-t-il qu'un ou deux maîtres qui l'aient toujours compris, sans jamais subir l'entraînement de ce peintre, brosseur de fresques, aquarelliste ou pastelliste, qui habite aujourd'hui dans l'âme de tout romancier. Peut-être ne peut-on citer avec assurance que Guy de Maupassant, et, après lui, Alphonse Daudet. On peut reprocher à Maupassant d'afficher trop souvent la philosophie d'un mauvais commis-voyageur. Mais aucun contemporain n'a eu, au même degré, les qualités du conteur. Il conte sobrement, avec des mots clairs et simples ; il a la phrase variée et solide ; il voit tout, et cependant il n'exprime de sa vision que ce qui est nécessaire à l'action. En vérité, je le déclarerais volontiers le plus puissant maître de la prose romanesque de ces trente dernières années. Il a écrit trop d'œuvres d'une immoralité grossière, mais il avait le génie de la langue, et toute la tradition française se reconnaît dans la composition et dans le décor de ses nouvelles.

Celui qui lit un beau roman n'aurait pas épuisé pour si peu le plaisir et le profit de sa lecture. Il lui resterait bien d'autres secrets à étudier, et de plus intimes encore.

J'en ai assez dit pour prouver que la lecture du roman ne peut convenir à tout le monde, puisqu'elle demande une expérience personnelle de la vie et un sens exercé de la beauté. J'espère avoir établi que la formule du roman pour toutes les mains est celle tout simplement d'une erreur littéraire. Mais je m'en voudrais de ne point ajouter en terminant, — et déjà on l'a deviné, — que les deux conditions que j'ai développées, les deux qualités que j'ai supposées chez le lecteur de romans sont d'importance inégale. La première seule est essentielle, la seconde n'est que souhaitable. Il est nécessaire d'avoir vécu pour bien comprendre les fictions de la vie. Il n'est pas également nécessaire d'être artiste soi-même. Sans doute, le rêve d'un écrivain sera d'être compris, jusqu'aux nuances les plus secrètes de sa pensée, par une intelligence sœur de la sienne ; mais ce rêve n'est point incompatible avec celui d'être lu par la foule, de parler à l'âme d'un pays, ne fût-ce que par une page, par une phrase reproduite dans les journaux, citée dans des discours, traduite dans une chanson, et possédée et gardée ensuite par des milliers d'êtres humains dans le trésor des vérités acquises. Pour avoir cette ambition noble et pour la croire possible, il suffit de se rappeler que, au-delà du début de la vie, il y a une égalité au moins parmi les hommes : qu'ils ont tous souffert, qu'ils ont tous crié, et que, si variées que soient les peines et les plaintes, tout se résume dans le même besoin d'une infinie justice.

Le secret de l'intelligence des livres est sûrement là. Ceux qui ont souffert, ignorants ou savants, comprendront toujours quelque chose aux récits de la vie. Que les autres, ceux qui sont jeunes, attendent la leçon commune ; qu'ils vivent d'abord, qu'ils laissent de côté le roman comme une œuvre pour eux vide de sens, écrite dans une langue étrangère. Ils l'ouvriront le lendemain du jour où ils auront pleuré : cela ne tarde jamais beaucoup.